L'EGYPTE AU TEMPS DES PHARAONS

LES ESSENTIELS MILAN JUNIOR

LE PETIT ÉGYP

Astérix a-t-il rencontré Cléopâtre ?

Il aurait pu, puisque César – qui a été amoureux de la reine d'Égypte – a conquis le pays d'Astérix, la Gaule, en 52 av. J.-C. Mais à cette époque les Gaulois ne connaissaient guère le très lointain pays de Cléopâtre, et leur façon de vivre était loin d'être aussi raffinée que celle des Égyptiens. En somme, nous étions très en retard ! Vers 3000 av. J.-C., la Gaule était couverte de forêts (et d'ailleurs ce n'était même pas encore la Gaule), alors que les Égyptiens commençaient à construire des pyramides et à échanger du courrier.

Nous ne sommes pas les héritiers de la civilisation égyptienne

Notre langue vient – un peu – du gaulois, et beaucoup du latin des Romains et du grec... mais pas de l'égyptien ! Certains de nos monuments ressemblent à un temple romain mais pas égyptien ! Nous connaissons tous de histoires de la mythologie grecque o romaine, ou au moins le nom de Zeus Jupiter ou de Vénus-Aphrodite, mai beaucoup moins Osiris, Isis, Seth o Horus... Alors, pourquoi nous intére sons-nous tant à l'Égypte ?

Les Grecs aussi étaient fascinés par l'Égypte... mais ils trouvaient les Égyptiens vraiment bizarres !

EN ILLUSTRÉ

Les traces de la civilisation égyptienne nous touchent

Les temples, les pyramides, les sarcophages ou les momies sont impressionnants par leurs dimensions et parce qu'ils montrent le savoir et l'habileté des architectes, des artisans ou des prêtres embaumeurs. Nous trouvons également belles toutes ces traces d'une civilisation complètement disparue.

Sarcophage en grec veut dire : « celui qui mange les chairs ». Pour les Égyptiens, c'est plutôt le contraire : leurs sarcophages les conservaient.

Finalement, les Égyptiens nous ressemblent

Ils travaillent pour vivre, ils savent se distraire et s'amuser, ils prévoient ce qui se passera après leur mort, les femmes veulent être élégantes, les hommes avoir un bon métier, et les petits garçons n'apprennent pas toujours leurs leçons. Ceux qui deviennent scribes savent qu'ils peuvent devenir immortels par leurs écrits.

Les professeurs égyptiens ne mettaient pas de notes comme ici !!! Mais ils corrigeaient à l'encre rouge.

Pharaonique

Cet adjectif, qui signifie « gigantesque », « démesuré », vient directement des constructions égyptiennes réalisées pour les pharaons et les dieux.

L'Égypte, c'est loin, c'est près

L'Égypte est presque à 3 000 km à vol d'ibis. Pour y aller, il faut prendre l'avion, ou le bateau. Mais surtout, ses paysages et sa météo sont bien différents des nôtres.

Carrefour du vent

En janvier, les vents poussent les bateaux de l'Arabie vers l'Égypte. En juillet, les vents viennent plutôt de la Méditerranée : on peut repartir ! On peut donc facilement faire du commerce par mer, par exemple avec la Phénicie (le Liban).

Le sphinx des Pyramides surveille le désert.

À l'autre bout de la Méditerranée

Imagine un grand rectangle. Au nord et à l'ouest il y a l'Europe, à l'est l'Asie, et au sud l'Afrique : c'est la Méditerranée. L'Égypte est en Afrique... mais tout près de l'Asie. Elle n'est pas très loin de la Grèce, qui fait partie de l'Europe.

L'Égypte est une partie du Sahara

Cela veut dire qu'il y fait presque toujours chaud, et qu'il ne pleut pas souvent. Sur la plus grande partie du pays, il n'y a que du sable, des rochers et d'immenses falaises. Mais cela n'a pas toujours été le cas. Il y a très longtemps, le Sahara était humide et il y poussait des forêts. Les premiers habitants de l'Égypte les ont peut-être connues. Il y a 4 000 ans, le désert allait jusqu'à la Méditerranée, mais aussi à l'est jusqu'à la mer Rouge ; on pouvait très bien circuler sur la mer, ou dans le désert en caravanes. On pouvait et on peut toujours vivre dans le désert, à condition d'y trouver de l'eau !

L'Égypte est un carrefour

Depuis toujours, beaucoup d'étrangers, venus d'Afrique, d'Asie ou d'Europe, sont passés par l'Égypte. Certains se sont installés quelquefois par la force, après une guerre ou une invasion, quelquefois pacifiquement. Mais surtout, depuis toujours, les Égyptiens ont fait venir les matières premières, les métaux précieux, les épices ou les esclaves, par les routes de la mer ou du désert.

L'Égypte est donc aussi un peu l'Europe

Cléopâtre, par exemple, n'était pas vraiment égyptienne, mais grecque ! Et ses ancêtres, grecs aussi, ont régné sur l'Égypte à partir de 332 av. J.-C. Puis l'Égypte est devenue romaine, comme tout le pourtour de la Méditerranée.

Un désert

En moyenne, il tombe moins de 5 cm de pluie par an en Égypte. À Paris, il tombe de 75 à 80 cm par an.

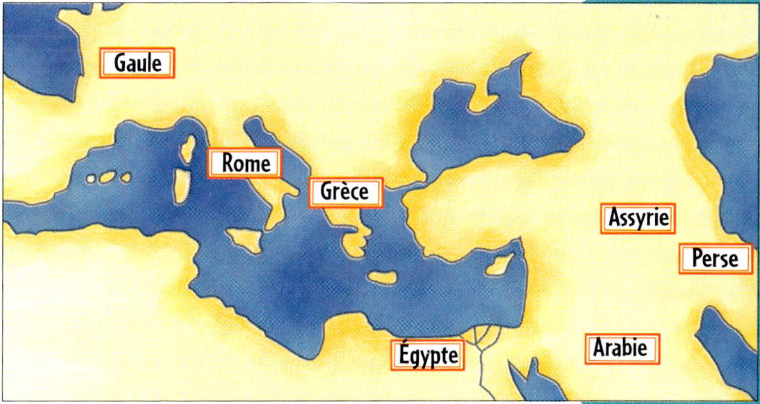

Autour de la Méditerranée, il n'y a pas encore de frontières… mais on regarde vers l'Égypte.

Du blé dans le désert !

L'Égypte fait envie à beaucoup de peuples à cause de sa richesse agricole. Plusieurs s'en emparent : les Hyksos venus d'Arabie (vers 1650 av. J.-C.), les Assyriens venus de Mésopotamie (vers 660 av. J.-C.), les Perses (vers 525 av. J.-C.), les Grecs (332 av. J.-C.), les Romains (30 av. J.-C.). Beaucoup plus tard, la France creuse le canal de Suez : désormais, on peut faire du commerce avec l'Orient sans faire le tour de l'Afrique.

Sans le Nil, pas d'Égypte

Cinq siècles av. J.-C., le Grec Hérodote écrivait que l'Égypte était « *un don du Nil* ». Bien plus tôt (1200 ans av. J.-C.), un chant égyptien le disait déjà : « *Lorsqu'il coule la terre se réjouit, les ventres jubilent.* »

Le dieu Nil

Pour les Égyptiens, le Nil, qui était au cœur de leur vie, était un dieu auquel il donnait le nom de *Hapy*. Le voici présentant les fleurs du lotus sacré, berceau du Nil. Son petit ventre rond est symbole de prospérité.

Un désert avec de l'eau, ce n'est plus un désert

Un grand fleuve, le Nil, traverse tout le désert égyptien, du sud au nord. Il prend sa source près du lac Victoria, à l'équateur, et coule pendant 6 700 km jusqu'à la Méditerranée, où il a formé un grand delta. L'Égypte est une sorte de très longue oasis, endroit où l'eau rend le désert fertile, qui n'existerait pas sans le Nil.

Saison *Akhit*, saison *Shemou*

L'Égypte vivait au rythme de la montée des eaux du Nil. De juillet à septembre elles envahissaient la vallée, sauf les villages construits sur des buttes : c'était la saison *Akhit*. Puis ses eaux baissaient, parce qu'à l'équateur la saison des pluies était finie. Mais l'inondation avait déposé partout une terre noire très riche : le limon. En octobre on pouvait semer. On récoltait pendant la saison *Shemou* (de janvier à juin).

La crue efface, les arpenteurs mesurent

Chaque année, la montée des eaux (la crue) apporte du limon qui efface les limites des champs. Et chaque année, les scribes arpenteurs les tracent de nouveau. Ils savent trouver la surface d'un rectangle, d'un trapèze ou d'un triangle. Parfois il faut reconstruire des digues, des canaux, des réservoirs.

Le Nil, source de vie

Grâce au Nil, les Égyptiens peuvent faire pousser du blé, de l'orge, des légumes, de la vigne, des palmiers, du lin pour faire des tissus. Ils élèvent des vaches, des ânes, des moutons, des chèvres, des volailles (mais pas de poules !). Au bord du fleuve, on pouvait chasser les oiseaux, les hippopotames et, dans certaines régions, le crocodile. Le Nil leur donne aussi du poisson, et c'est sur ses bords qu'on trouve le papyrus, pour faire du papier.

Un dieu à plusieurs noms

On appelait aussi le Nil *Ioumâ* : « la grande mer » ou *Ioterâa* : « le grand fleuve ». Des puits gradués, les nilomètres, permettaient de prévoir la hauteur de la crue. 16 coudées (8 mètres) de crue, l'année était bonne : c'était une année de vaches grasses… Il y avait aussi des années de vaches maigres.

Il y a de mauvaises années !

Quelquefois la crue du Nil n'était pas suffisante pour donner de bonnes récoltes et l'Égypte connaissait la disette (presque la famine). Pharaon lui-même se désolait : « *Mon cœur était dans une très grande peine, car le Nil n'était pas venu à temps pendant sept ans. Il y avait peu de grains... et on avait peu à manger... tout ce qui existe était malheureux*.» Pharaon Djoser vers 2 600 av. J.-C.

Être scribe, vivre de sa « plume »

Le scribe, c'est « celui qui écrit ». Dans un pays où la plupart des gens ne savent ni lire ni écrire, seuls les scribes peuvent s'occuper de l'administration, ce qui leur donne un grand pouvoir.

Au hit-parade des vizirs

Des vizirs sont restés célèbres comme Ptahotep, Ramose ou Paser. Ils portaient de nombreux titres comme surintendant du Double Grenier, directeur des Demeures de la Couronne rouge, ou encore secrétaire des Missions secrètes.

Recenser, vérifier

Tous les deux ans, des scribes sont chargés de mesurer les champs, de faire la liste des propriétaires, de compter le bétail. Tous les ans, ils doivent prévoir la récolte, pour calculer les impôts. Il faut six scribes, dont un scribe « teneur de corde » et un scribe « tendeur de corde ». Tous ces scribes travaillent pour Pharaon qui décide de ce qui est bon pour l'Égypte.

Le Scribe accroupi exposé au musée du Louvre.

Faire rentrer les impôts et les droits de douane

Les impôts sont payés en nature, c'est-à-dire avec du blé, des vaches, etc. Au moment de la récolte, les scribes viennent calculer l'impôt. Celui qui ne veut pas payer est battu par les gardes qui accompagnent les scribes. Toutes ces provisions serviront à entretenir les fonctionnaires. Aux frontières, les scribes reçoivent les droits de douane sur les produits qui entrent en Égypte.

Les outils du scribe

Pas facile de devenir scribe !

Pour devenir scribe il faut avoir étudié longtemps. Le scribe apprend à lire, à écrire, à compter. Il reste à l'école au moins quatre ans, se fait souvent battre : « *L'oreille du garçon est sur son dos, il écoute quand on le bat.* » Mais ensuite, il est respecté, ne travaille pas de ses mains – « *Sois scribe pour que tes mains deviennent douces* » – et reçoit un bon salaire.

Le vizir : « les oreilles et les yeux de Pharaon »

Au sommet de la hiérarchie des scribes, il y a le vizir, qui est le bras droit de Pharaon. Il n'obéit qu'à Pharaon, et il a d'énormes responsabilités : travaux publics, impôts, police, transports, armée... Tous les matins, il travaille avec Pharaon.

Un métier de père en fils

La plupart des enfants égyptiens apprennent, en famille, le métier de leurs parents. Mais on peut aussi apprendre chez un maître d'apprentissage. Les écoles sont réservées aux futurs scribes et aux garçons ! Les filles sont presque toutes analphabètes.

La « grande bibliothèque » des Égyptiens

C'est grâce aux scribes que nous connaissons une partie de tout ce que les Égyptiens ont écrit : des recueils de conseils (les « sagesses »), des romans, des poèmes, des dictionnaires, des chants pour les dieux, des « livres des morts », des contes.

Pharaon, dieu vivant, roi absolu

C'est la Bible qui nous a transmis le mot Pharaon, qui vient de l'égyptien *pir-ô* : « la grande maison ». En effet, le roi qui règne sur l'Égypte vit dans un immense palais, entouré de serviteurs qui « flairent la terre » et « se traînent sur le sol » devant lui.

Chant de joie d'un pharaon

Pharaon a bien travaillé : « *Un temps heureux est arrivé... l'eau monte et ne baisse pas... les jours sont longs, les nuits ont juste les heures voulues, la lune vient avec régularité.* »

Masque du sarcophage de Toutankhamon.

Pharaon est fils et frère des dieux

Pharaon est fils du Soleil-Rê : pour pouvoir épouser la princesse qui deviendra la mère de Pharaon, le dieu Soleil a pris la forme d'un humain, en général le pharaon précédent ! Ainsi, Pharaon, en apparence fils d'un humain, peut être considéré comme fils du Soleil. Ce sont des dieux qui lui donnent les couronnes de la Haute-Égypte (le Sud) et de la Basse-Égypte (le Nord).

Pharaon doit faire régner l'harmonie sur terre

Parce que Pharaon est un dieu vivant, il est le maître des phénomènes cosmiques et météorologiques. Quand il meurt, ou s'il ne célèbre pas correctement les cérémonies rituelles, la nature risque de se détraquer : le Nil ne monte pas assez, ou il monte trop, et la disette arrive. Il est donc vital pour les Égyptiens d'avoir un « bon » pharaon.

« Tout ce qu'il ordonne se réalise. »

Le pharaon dirige tout en Égypte, considérée comme sa propriété. Il surveille les récoltes, fait payer des impôts, construire des palais et des temples, dirige l'armée, défend le pays et signe des traités. Il est aussi responsable de l'ordre : avec l'aide du vizir et de nombreux juges, il fait régner la justice, qui n'est pas toujours très rapide, comme on l'apprend en lisant les papyrus concernant les enquêtes et les jugements.

Mais c'est aussi un homme

Les pharaons doivent beaucoup étudier, et certains deviennent des écrivains : Snéfrou écrit des discours, Akhenaton est philosophe et poète. Mais les pharaons ont aussi les défauts des êtres humains : parfois ils sont incapables de gouverner. Un pharaon peut aussi être amoureux comme Akhenaton qui aime Néfertiti, ce qui veut dire : « la Belle est venue ». Elle est souvent représentée avec son mari et ses filles sur les bas-reliefs et les peintures.

Conseils d'un pharaon à son fils

« Sois un artiste en paroles pour atteindre la victoire. La langue est le glaive du roi. La parole est plus puissante qu'aucune arme... Ne sois pas méchant, la maîtrise de soi est bonne. »

Un roi « décoré »

Pharaon porte tous les symboles de son pouvoir : sur sa tête le pschent (la double coiffure de la Haute-Égypte et de la Basse-Égypte), la tête de cobra dressée qui brûlera ses ennemis ; la fausse barbe tressée des immortels, le sceptre et le fléau.

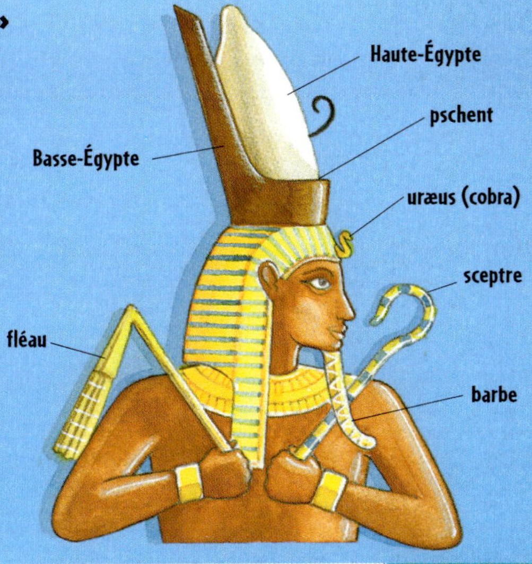

Du temple, la statue du dieu va sortir

Aujourd'hui c'est un grand jour ! C'est la fête d'Opê. Le dieu Amon-Rê, accompagné de Pharaon, va remonter le Nil, suivi des autres dieux. Dans dix jours il reviendra. Amon-Rê et Pharaon seront plus puissants que jamais : ils auront retrouvé leur force créatrice.

Le temple est une maquette du monde

Le sol est l'image de la terre fertile ; le plafond, c'est le ciel et les étoiles, et la décoration raconte la création de l'univers. Le temple est donc le seul moyen d'aider les dieux à maintenir la lumière et la vie, loin de l'obscurité et de la mort.

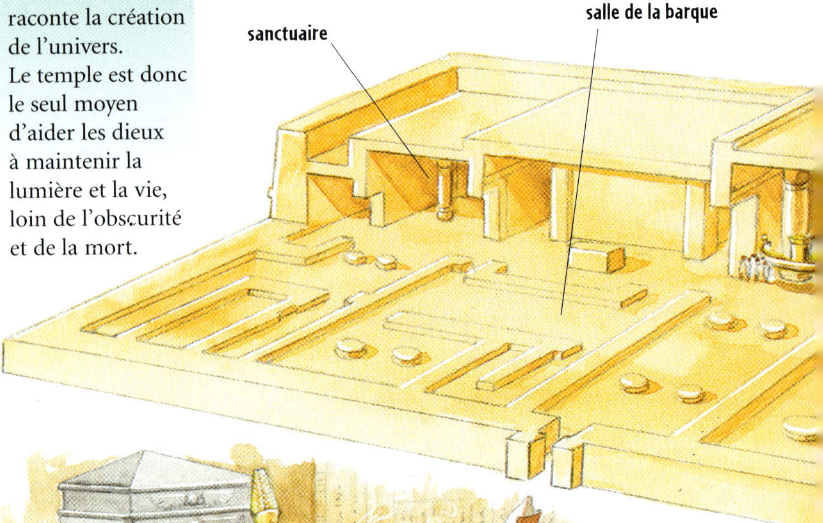

Offrande au dieu dans le sanctuaire.

Les prêtres vont sortir la statue du dieu de sa demeure secrète. Pharaon lui présente des offrandes de nourriture. Il les purifie par l'eau et l'encens.

La statue du dieu est placée sur la barque de procession. Trente prêtres sont nécessaires pour la porter.
Ils rejoignent au-dehors musiciens et danseurs qui fêtent la sortie du dieu.

Procession de la barque du dieu.

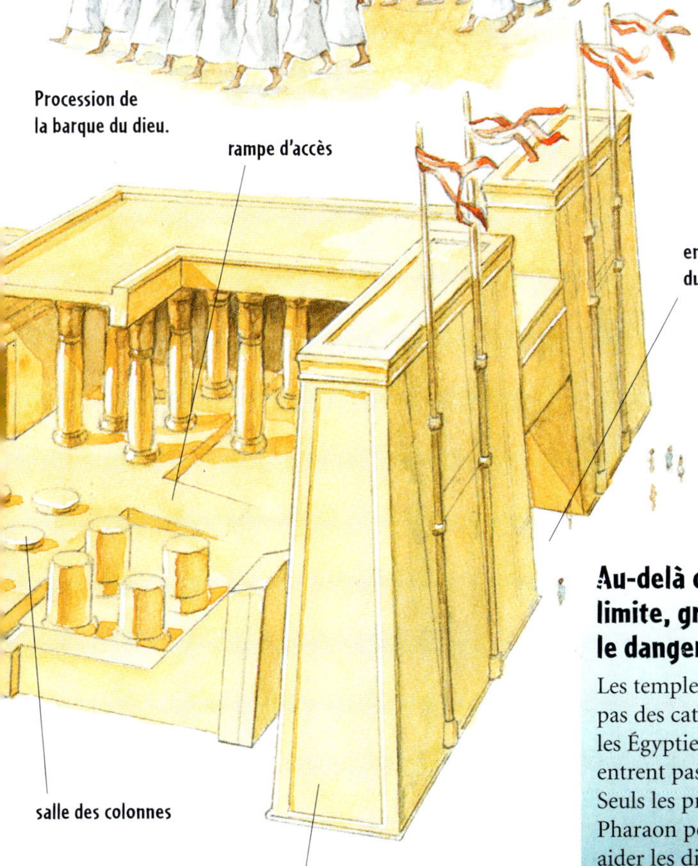

Au-delà de cette limite, grand est le danger

Les temples ne sont pas des cathédrales, les Égyptiens n'y entrent pas pour prier. Seuls les prêtres et Pharaon peuvent aider les dieux à faire renaître tous les matins la lumière et la vie.

Des dieux et des hommes

Chaque pharaon, prêtre suprême, chef de tous les prêtres, doit se faire aider pour que les centaines de dieux soient correctement honorés. Ces dieux, qui peuvent changer d'aspect et de nom, sont si nombreux qu'on ne peut les compter.

Le dieu prend l'air !

Lors des grandes fêtes, les prêtres sortent la statue du dieu et la promènent en distribuant du pain ou de la bière. On peut aussi poser des questions au dieu... La statue répond en s'inclinant, comme par miracle, à droite ou à gauche !

Mon village, son dieu... sa déesse

Chaque région, chaque ville, chaque village est protégé par un ou plusieurs dieux. Comme ils peuvent prendre l'apparence d'animaux, ou d'êtres mi-hommes mi-animaux, on a pensé que c'étaient des totems venus de la préhistoire. Mais ce n'est pas sûr.

Thot

Comment être bien vu des dieux

En leur faisant des cadeaux (des offrandes), en priant, en momifiant des animaux qui représentent le dieu : les chats (Bastet), l'ibis (Thot), la vache (Hathor), le faucon (Horus), le chacal (Anubis), etc. On peut aussi réciter différentes formules magiques, porter des amulettes, comme l'œil *ouedjat*, le scarabée...

Bastet

Dans le secret des grands temples

Seuls les prêtres et Pharaon peuvent entrer dans les temples des dieux

Horus

les plus importants, Rê à Louqsor, ou Ptah, Mout et Rê à Karnak. Tous les jours, les prêtres vont nourrir la statue du dieu, la laver, lui offrir de l'encens. La statue n'est pas qu'une statue : le dieu l'habite. Une fois que le dieu a « déjeuné », sa nourriture est placée devant des dieux moins importants ou des statues de Pharaon. Finalement, elle est distribuée aux prêtres et aux serviteurs.

La triste histoire d'Osiris et d'Isis

Le dieu Osiris est tué par son frère Seth, jaloux de lui. Après de longues recherches, la déesse Isis, femme d'Osiris, le retrouve et le ressuscite. Puis Horus, fils d'Osiris et d'Isis, cherche à venger son père. À la fin, les dieux partagent l'Univers entre Seth et Horus, tandis qu'Osiris règne sur l'empire des morts.

Isis

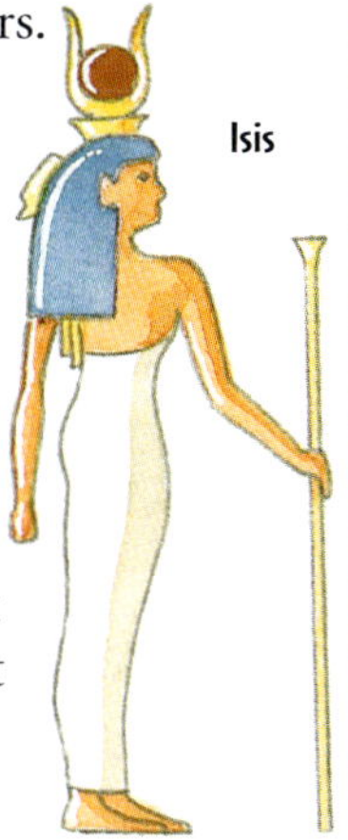

Chant pour Osiris

« [...] *Le sol*
de la terre est
sur tes bras,
si tu bouges,
la terre tremble
[...] *Tu es le père*
et la mère
des hommes,
ils vivent
de ton souffle,
ils mangent
la viande
de ton corps. »
(Vers 1500 av. J.-C.)

Un seul Dieu ?... une révolution qui ne dure pas longtemps !

Très souvent, dans une région ou l'autre de l'Égypte, un dieu a été considéré comme plus important que les autres. Rê et Amon, souvent réunis, sont supérieurs aux autres. Au XIVe siècle av. J.-C., le pharaon Akhenaton essaie d'imposer un Dieu unique, Aton, mais les Égyptiens ne l'acceptent pas.
« *L'Univers est venu à l'existence sur ta main ; tu te lèves, il vit ; tu te couches, il meurt.* » Chant à Aton (le Soleil).

Les Égyptiens obsédés par la mort

Les Égyptiens consacrent beaucoup de temps et de travail à préparer leur vie après la mort. Presque tout ce que nous savons d'eux vient des tombes, sortes de maisons de survie, et des momies, qui devaient assurer au corps l'immortalité.

Momies à tous les prix !

À la fin de l'Empire égyptien, presque tout le monde peut se faire embaumer : les embaumeurs ont trouvé des techniques moins chères.

La vie est courte

Pharaon, sa famille, les fonctionnaires et les prêtres mangent bien, mais les paysans, pauvres, souffrent souvent de la faim. Il y a des maladies et des accidents dus aux difficiles conditions de vie, comme les travaux pénibles dans les champs et sur les chantiers de construction. Les femmes meurent souvent en donnant naissance à un enfant. Aussi il faut profiter de la vie et tout faire pour continuer à vivre, même après la mort.

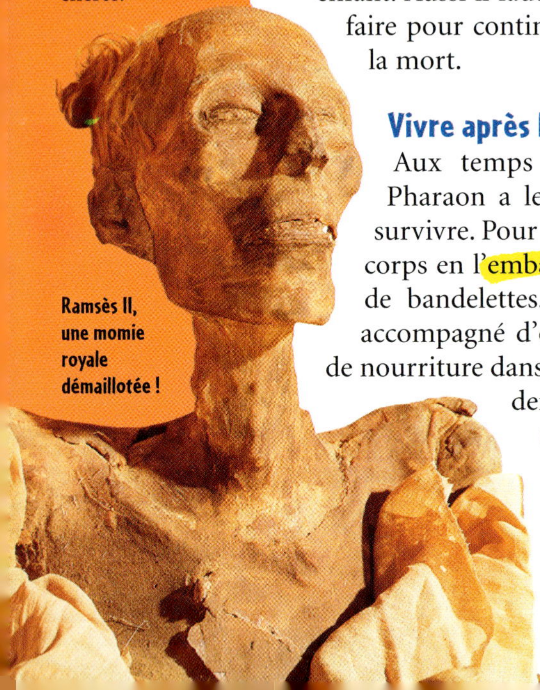

Ramsès II, une momie royale démaillotée !

Vivre après la mort

Aux temps les plus anciens, seul Pharaon a le droit et les moyens de survivre. Pour cela, il faut conserver son corps en l'embaumant et en l'entourant de bandelettes. Il faut aussi qu'il soit accompagné d'objets familiers et même de nourriture dans sa tombe. Cette dernière demeure est ornée de peintures qui représentent la vie sur terre, ou chez les dieux. Ce tombeau doit être construit pour durer éternellement.

Tout le monde a droit à l'éternité

Dès l'Ancien Empire, il y a 5 000 ans, les Égyptiens les plus riches se font, à leur tour, momifier. Leur tombe, secrète, et ornée comme celle de Pharaon, doit échapper aux pillards. Les pauvres essaient de se faire enterrer près d'une tombe de pharaon ou de noble, pour profiter de sa protection.

Combien pèse ton cœur ?

Dans le royaume des morts, Anubis pèse le cœur (la conscience) du mort. S'il est plus lourd qu'une plume de Maât, déesse de la Vérité et de la Justice, il est dévoré par un monstre, et le mort disparaît. Mais si le cœur est léger, la vie éternelle peut commencer. Le mort passera toutes ses nuits dans le royaume des morts, et toutes ses journées au côté du Soleil.

L'âme, à gauche, ne doit pas peser plus qu'une plume. Anubis et le dévoreur sont tournés vers Osiris.

Une tombe : c'est tentant !

Il y a toujours eu des pillages de tombes. Parfois un scribe policier arrête les pillards, mais on peut lui donner de l'argent pour qu'il fasse semblant de ne rien voir : « *Je donnai ma part du butin au scribe : il me libéra.* »

Une prière pour un mort

D'après les livres des morts, seul celui qui « [...] *a donné des pains à celui qui avait faim, de l'eau à celui qui avait soif, des vêtements à celui qui était nu...* » peut entrer dans la vie éternelle. Il y est accueilli par Osiris, dieu de l'au-delà, qui surveille la pesée des âmes.

Construire pour l'éternité, mais pas pour tout le monde

L'habileté des architectes, la qualité des matériaux et le climat désertique ont permis la conservation de beaucoup de monuments. Mais on sait aussi à quoi ressemblaient les maisons des plus pauvres.

Deir-el-Médina, un village au service des morts

Pendant presque 500 ans, un village d'artisans a travaillé pour les tombeaux des pharaons, sur la rive gauche du Nil, en face de Thèbes. En général, ces « employés de la tombe » savent lire et écrire, mais ce sont des exceptions.

Villages de paysans, quartiers d'artisans

Les villages sont construits à l'abri des crues du Nil. Des maquettes trouvées dans les tombes montrent de petites maisons d'une pièce, en briques crues, avec un toit en chaume. Les artisans qui travaillent pour les temples ou les tombeaux sont plus riches : leur maison a plusieurs pièces, un grenier, une cave.

Les demeures des pharaons

Pendant sa vie, Pharaon habite un palais en briques crues. Une fois mort, son tombeau, creusé dans le rocher ou protégé par une immense pyramide, est beaucoup plus solide. Des milliers de paysans libres ont construit ces pyramides, avec des techniques qu'on ne connaît pas très bien. Le chantier dure 20 à 30 ans. Pendant ce temps, les ouvriers sont logés sur place, payés en nature et se reposent un jour sur dix.

Des temples pour les dieux

Il a fallu très longtemps pour construire les grands temples : presque 1 000 ans pour Karnak. Chaque époque, ou chaque pharaon, ajoute et modifie des bâtiments. Mais le temple est toujours la maison d'un, ou de plusieurs dieux. Il abrite sa statue et sa barque de procession.

Les premiers vrais architectes

Presque 3 000 ans av. J.-C., un homme « inventa », dit-on, l'architecture de pierre et la pyramide. Il s'appelait Imhotep. D'autres, après lui, firent les plans des temples ou des grandes pyramides. Ils savaient orienter les bâtiments, utiliser le fil à plomb et l'équerre, répartir le travail, prévoir le matériel (cordes, leviers, outils...).

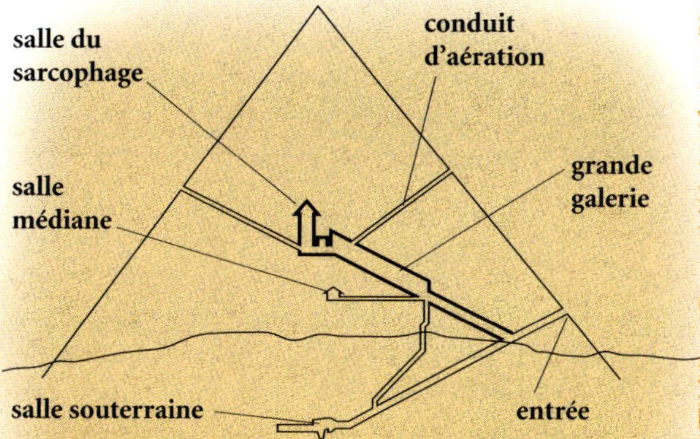

Pyramides de toutes tailles

Les pyramides ne sont pas isolées. Des pyramides secondaires accompagnent les plus grandes. Il y a plus de quarante « grandes » pyramides et au moins vingt pyramides secondaires, tombeaux des membres de la famille royale.

On ne sait toujours pas à quoi servaient toutes les salles. Peut-être l'architecte a-t-il simplement changé d'idée en cours de construction... Il n'y a sans doute là rien de mystérieux.

Pyramide, c'est du grec, pas de l'égyptien !

Les Grecs, qui considéraient la pyramide de Kheops comme une des Sept Merveilles du monde, avaient baptisé ces monuments « pyramides » parce qu'elles leur rappelaient des petits pains en forme de cône : les *pyramis*. Les Égyptiens appelaient ces grands tombeaux « M-R », un mot dont on ne connaît pas la prononciation.

Peindre et sculpter la réalité

C'est par les peintures, les sculptures et les objets conservés dans les tombes que nous connaissons les dieux égyptiens, les pharaons, mais aussi la vie quotidienne des paysans, et même les animaux et les plantes de l'Égypte ancienne.

Un pharaon qui ne veut pas qu'on l'embellisse

La peinture et la sculpture sont encore plus réalistes à l'époque d'Akhenaton. Ainsi nous savons qu'il n'était pas très beau, mais que sa femme, Néfertiti, était superbe !

Il faut respecter des règles

En peinture ou en bas-relief, le visage doit être de profil, l'œil et le torse de face, le bassin de trois quarts, les jambes de profil et décalées. La taille est proportionnelle à l'importance du personnage ou de l'objet. Les dieux ont des couleurs particulières : Osiris est souvent noir comme le limon, la terre apportée par le Nil, ou vert comme la végétation ; la couleur de Seth, le « méchant », est le rose du désert stérile.

Tous pareils et tous différents

En regardant les sculptures, on voit des visages de pharaons, de personnages importants ou de simples paysans, bien différents les uns des autres : ils doivent ressembler à leurs modèles. Grâce aux peintures et aux petites maquettes trouvées dans les tombes, nous savons comment les femmes se coiffaient et se maquillaient, comment les paysans s'habillaient. Dans certaines tombes, les oiseaux peints ont l'air si vivants qu'ils semblent prêts à s'envoler.

Bas-relief : la Basse-Égypte à gauche et la Haute-Égypte à droite entourent Pharaon.

La vie quotidienne en bandes dessinées

Les peintures des tombes doivent permettre au mort de vivre comme sur terre. On peut voir la moisson, les vendanges, la chasse, les fonctionnaires surveillant la récolte, ou faisant battre un paysan, des pleureuses à un enterrement, des ouvriers construisant un temple. Nous pouvons découvrir aussi les espèces de poissons, d'oiseaux ou d'arbres.

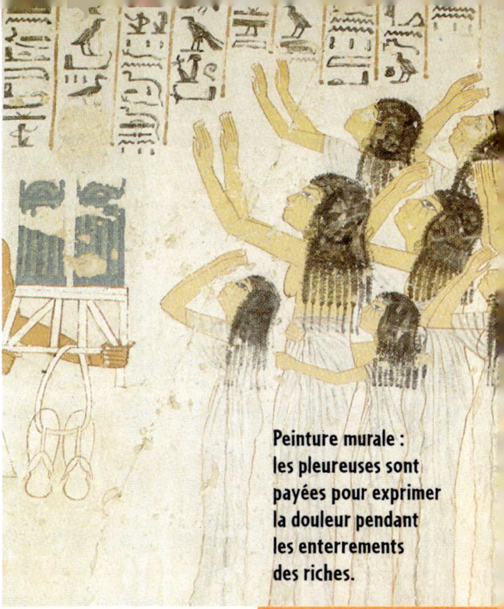

Peinture murale : les pleureuses sont payées pour exprimer la douleur pendant les enterrements des riches.

Artistes ou artisans ?

Les objets de la vie quotidienne, comme la poterie, la vaisselle, les miroirs en métal, les cuillères à fards (pour le maquillage), les vêtements et les bijoux, trouvés dans les grandes tombes sont beaux pour nous. Pourtant, pour les Égyptiens, un objet doit d'abord être « efficace », comme les peintures ou les sculptures indispensables à la survie. Des artisans produisaient en grande série des amulettes bon marché. Ainsi les pauvres eux-mêmes pouvaient bien se protéger.

Des « trucs » d'artistes

Les règles pour sculpter ou dessiner étaient très compliquées, mais souvent on se servait de modèles qu'on reproduisait en utilisant des grilles faites de carrés, comme nous le faisons encore !

Artisans de luxe

Les auteurs ne signaient pas leurs œuvres. Mais les meilleurs étaient très connus à leur époque. Ils étaient fonctionnaires et leur titre rappelait leur spécialité : « peintre en chef du temple d'Amon » ou « manieur de ciseau [outil tranchant pour travailler la pierre] dans la place de Maât ». Ils avaient droit à des tombes luxueuses.

Le mystère des hiéroglyphes

Sur les monuments égyptiens, on trouve une multitude de dessins : des animaux, des hommes, des plantes, mais aussi des bras ou des yeux fardés. Ce sont des hiéroglyphes. Depuis 180 ans seulement, on sait ce qu'ils veulent dire.

Du dessin à l'écriture simplifiée

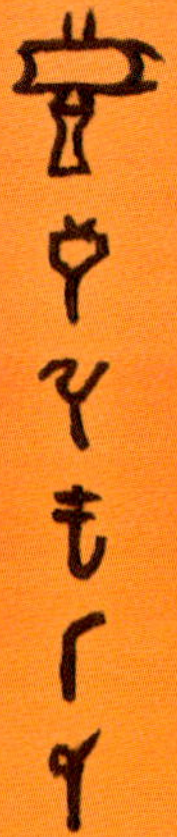

La voile gonflée, c'est le souffle, le vent, mais, pour écrire vite, on l'a fait progressivement évoluer vers ce petit tortillon !

Une écriture d'avant l'alphabet

La première écriture de l'Égypte représente directement la réalité : le poisson ou la maison sont dessinés, le vent est représenté par une image de voile gonflée : ce sont des idéogrammes. Mais comment faire comprendre « bonheur » ou « santé » ? En utilisant les sons correspondant aux dessins, comme un rébus. Par exemple  représente la bouche mais aussi le son « r ». Le dessin s'appelle alors un phonogramme. De plus en égyptien, des lettres comme le H devaient se prononcer de deux façons différentes.

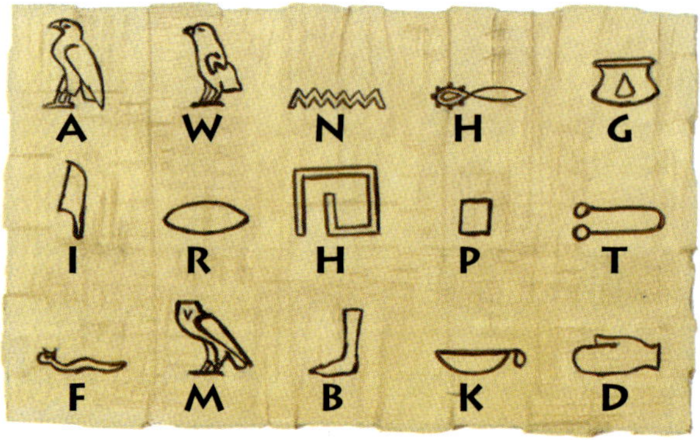

Quelques hiéroglyphes avec leur « correspondance » française.

Ce qui se cache derrière les hiéroglyphes

Il y a plus de 2 500 hiéroglyphes différents, qui se lisent de haut en bas, ou de droite à gauche, ou de gauche à droite ! Et ces dessins n'indiquent que les consonnes... Il faut donc ajouter un autre dessin pour choisir le bon sens du mot. C'est comme si nous écrivions « rt » pour dire aussi bien « route » que « rate » !

Une écriture simplifiée

Très vite, les scribes simplifient l'écriture pour aller plus vite, surtout sur les papyrus. Avec un pinceau en roseau taillé, le calame, ils notent des textes ou des comptes en noir. Mais les devoirs des écoliers sont corrigés... en rouge ! C'est parce qu'ils sont les seuls à pouvoir lire et à écrire toutes sortes de textes que les scribes sont si importants !

Champollion.

Eurêka !

C'est ce qu'aurait pu dire le Français Champollion : en 1822, il est le premier à déchiffrer des hiéroglyphes grâce à une pierre dite « de Rosette ». Sur cette pierre figure un texte en hiéroglyphes accompagné de sa traduction en grec et en hiéroglyphes simplifiés.

L'égyptien, une langue très répandue

Les hiéroglyphes ont été utilisés en Égypte, mais aussi au Soudan, au bord de la mer Rouge et dans tout le Moyen-Orient. La dernière inscription en hiéroglyphes a été sculptée le 24 août 394 apr. J.-C. sur un temple de l'île de Philae sur le Nil.

La pierre de Rosette.

Une écriture dangereuse

Les vrais hiéroglyphes sont aussi des signes sacrés ; c'est peut-être pour cela qu'ils n'ont pas changé pendant 3 000 ans ! Dans les tombes, les « serpents » hiéroglyphes sont cloués au sol pour ne pas piquer le mort !

Suivre l'Égypte à la trace

La civilisation égyptienne a disparu depuis longtemps, mais elle n'a jamais cessé d'impressionner et de fasciner. Du pillage des tombes aux bandes dessinées, elle nous inspire toujours.

La mode de l'Égypte en Italie

Les Romains, à l'époque de Jules César et d'Auguste, adoptent les dieux égyptiens, rapportent des obélisques, construisent deux pyramides à Rome, et mettent des sphinx dans leurs jardins. Au Moyen Âge, on se servira de ces statues comme modèles pour sculpter des lions !

La Renaissance... de l'Égypte

Au XVIe siècle, on redécouvre l'Égypte à travers les textes grecs et latins : voilà de nouveau des obélisques à Rome, en face de la basilique Saint-Pierre. Au XVIIe siècle, on essaie de comprendre les hiéroglyphes et, au XVIIIe siècle, on va sur place admirer les ruines des temples ou les pyramides. « *Du haut de ces pyramides, quarante siècles vous contemplent* », s'écrie le futur Napoléon, en les admirant.

Vivre « à l'égyptienne »

Vers 1800-1815, on fabrique des pendules en forme de temple égyptien, des sièges comme ceux des pharaons, et les hiéroglyphes sont à la mode : c'est le style « retour d'Égypte ».

Pour la cour du Louvre, l'architecte Pei a eu l'idée géniale de cette pyramide de verre inaugurée en 1988. C'est par là que rentrent les visiteurs du musée du Louvre.

Bonaparte, le début de notre passion pour l'Égypte

Les savants qui reviennent d'Égypte avec Bonaparte (1799) rapportent des modèles pour les architectes, les ébénistes, et même les fabricants de vaisselle ! La découverte de la tombe de Toutankhamon, en 1922, relance la mode ; les artistes (sculpteurs, bijoutiers, décorateurs et cinéastes...) s'en inspirent. L'Histoire se lit maintenant grâce aux hiéroglyphes, et tout le monde peut découvrir la beauté des grands textes égyptiens.

Des obélisques et des pyramides partout !

Il y a maintenant une superbe pyramide en verre dans la cour du musée du Louvre à Paris et, à Las Vegas, aux États-Unis, un hôtel a été construit en forme de... pyramide. Mais on en trouve de plus petites, souvent en verre, dans bien d'autres villes... L'Égypte nous sert encore de modèle. Il n'y a plus en Égypte que cinq obélisques debout, mais il y en a plus de quinze en Europe et en Amérique.

Des mystères pour rire... ou pour trembler!

De la bande dessinée (*Les Cigares du pharaon*, une des aventures de Tintin) au cinéma (*La Momie*), les légendes à faire peur ont toujours du succès... mais on n'utilise plus la poudre de momie pour guérir la toux, comme au XVIIe siècle !

La mode récupère tout

Au XXe siècle, les bijoutiers et les parfumeurs s'inspirent de l'Égypte : pendentif pectoral ou parfum « Secret du sphinx » vendu dans un vase canope sont appréciés des élégantes.

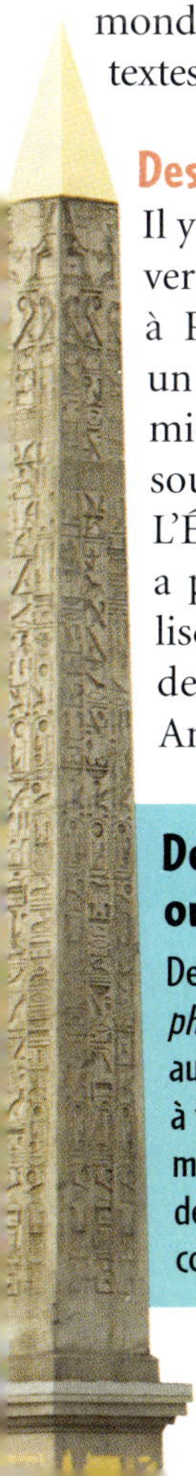

L'obélisque de Louqsor (*ci-contre*) installé à Paris en 1836. On peut le voir encore place de la Concorde.

Sous le sable, l'Histoire

Il reste encore beaucoup de choses à découvrir, sous le sable, sous la mer, ou dans les textes que nous ont laissés les Égyptiens. C'est pourquoi les égyptologues font appel à des spécialistes : archéologues, plongeurs sous-marins, ingénieurs, médecins légistes.

Les enfants s'amusent

Il y a peu de papyrus qui parlent des enfants, mais les archéologues ont retrouvé dans les tombes des jouets : toupies, balles, animaux en bois que l'on traînait avec une ficelle.

L'archéologie au secours de l'Histoire

Les textes égyptiens n'ont pas tous été conservés, et ils parlent surtout des pharaons, des dieux et des morts. Quand un scribe décrit la vie des paysans, c'est avec son regard de scribe ; il est un peu méprisant et veut montrer à ses élèves ce qui les attend s'ils n'étudient pas bien !

Les archéologues, qui travaillent comme des policiers, scientifiquement et avec précaution, sont souvent plus près de la « vraie » vie de tous les Égyptiens que ne l'étaient les scribes.

Découverte du tombeau de Toutankhamon en 1922 en présence de l'archéologue lord Carter.

Gare aux scoops !

Les grands chantiers archéologiques, en particulier sous la mer, sont très chers, et les archéologues cherchent des sponsors. Mais les sponsors aiment qu'on parle d'eux à la télévision. C'est pourquoi on annonce parfois des découvertes extraordinaires qui font rêver... mais ne sont pas du tout certaines. Par exemple à Alexandrie, où deux équipes concurrentes pensent avoir trouvé le célèbre phare... mais pas au même endroit !

Les momies parlent

Des médecins légistes arrivent à reconstituer les techniques des embaumeurs mais, surtout, grâce au grand nombre de momies découvertes récemment dans de grandes nécropoles, ils nous apprennent de quoi souffraient les Égyptiens, à quel âge ils sont morts, et de quoi, comme ils le feraient pour les victimes d'un accident ou d'un crime.

Mais on ne peut pas tout savoir

Malgré tout ce travail, et les découvertes que l'on fait tous les jours en Égypte, on ne pourra jamais se mettre complètement à la place d'un Égyptien d'il y a 4 000 ans et penser exactement comme lui. Mais on peut reconstituer sa vie de tous les jours.

Hou ! Fais-moi peur !

On a parlé de malédiction de la momie : le mort, dérangé dans son sommeil, se vengerait. Mais ce ne sont que des légendes ! Par exemple, les égyptologues qui ont découvert la tombe de Toutankhamon sont morts de façon naturelle longtemps après, sauf ceux qui étaient déjà malades avant la découverte.

Un chantier de fouilles en Égypte aujourd'hui.

Un métier difficile

Il est très difficile et très long de devenir égyptologue. Il faut apprendre l'Histoire, savoir fouiller, déchiffrer les hiéroglyphes... bref, faire de longues études. Mais on peut aller en Égypte, lire les livres qui ont été écrits sur le sujet, ou commencer à étudier les hiéroglyphes et l'art égyptien pour le plaisir, par exemple à l'École du Louvre. Il reste beaucoup de choses à découvrir et à étudier... Un travail pour toi ?

Quiz

Maintenant que tu as lu cet *Essentiel Milan Junior*, qu'en as-tu retenu ? Ce quiz te permettra de tester tes connaissances.

Attention, parfois plusieurs réponses sont possibles.

1 Quand nos ancêtres ont dressé des dolmens et des menhirs :

A les Égyptiens n'avaient encore rien construit.
B Cléopâtre vivait dans un palais.
C les trois grandes pyramides égyptiennes existaient déjà.

2 Le calame est :

A un grand malheur.
B un pinceau.
C une partie de navire.

3 L'Égypte se trouve dans un désert, lequel ?

A Kalahari.
B Gobi.
C Sahara.

4 Les premiers peuples qui ont voulu conquérir l'Égypte sont :

A les Gaulois.
B les Hyksos.
C les Français à l'époque de Napoléon Bonaparte.

5 Le Nil se jette dans :

A l'Atlantique.
B la mer Rouge.
C la Méditerranée.

6 Les eaux du Nil montaient à cause :

A des barrages.
B des pluies à l'équateur.
C parce qu'il pleuvait beaucoup en Égypte.

7 Le nom du Nil en égyptien était :

A *Hapy.*
B *Ioumâ.*
C *Ioterâa.*

8 Quand le Nil ne montait pas beaucoup :

A il y avait du limon.
B c'était la disette.
C on était content.

9 Le mot scribe veut dire :

A celui qui crie.
B celui qui prie.
C celui qui écrit.

10 En Égypte, on payait ses impôts avec :

A du blé.
B de l'argent.
C des colliers de coquillages.

11 En Égypte :

A tout le monde savait écrire.
B seul Pharaon savait écrire.
C seuls les scribes, les prêtres et Pharaon savaient écrire.

12 Le pharaon est :

A le frère du Soleil.
B le fils du ciel.
C le fils du Soleil.

13 **Les Égyptiens employaient des couleurs pour représenter les dieux :**

A pour faire joli.
B parce que chaque dieu avait sa couleur.
C pour qu'on voie mieux le dessin.

14 **On momifiait les chats en l'honneur :**

A du dieu Anubis.
B de la déesse Bastet.
C du dieu Horus.

15 **Pour survivre après la mort, les Égyptiens croyaient qu'il fallait :**

A abandonner le corps dans le désert.
B embaumer le corps.
C brûler le corps.

16 **La statue des dieux était :**

A nourrie par les prêtres.
B toujours cachée.
C enterrée chaque année.

17 **Les ouvriers qui ont construit les pyramides étaient :**

A des paysans libres.
B des prisonniers.
C des esclaves.

18 **Imhotep a « inventé » la pyramide vers :**

A 500 av. J.-C.
B 3 000 av. J.-C.
C 1 000 av. J.-C.

19 **On a commencé à comprendre les hiéroglyphes :**

A au Moyen Âge.
B à l'époque de Louis XIV.
C à partir de 1822.

20 **La mode « retour d'Égypte » se situe :**

A après l'expédition de Bonaparte en Égypte.
B à l'époque de Cléopâtre.
C juste après les croisades.

21 **Un bas-relief est :**

A une petite statue.
B une peinture en bas d'un mur.
C une sculpture qui dépasse à peine du mur.

22 **Les scribes écrivaient :**

A avec des écritures différentes.
B toujours en hiéroglyphes.
C en utilisant un alphabet.

23 **Les hiéroglyphes représentent :**

A un objet ou un être.
B un son.
C seulement les voyelles.

24 **Avoir le cœur lourd, pour les Égyptiens, c'était :**

A avoir du chagrin.
B avoir une maladie grave.
C s'être mal conduit pendant sa vie.

Pour t'aider dans ton exposé

Le professeur te demande de choisir un sujet d'exposé, ou bien tu proposes, de ta propre initiative, d'en faire un... Dans tous les cas, avant de te lancer, tu dois te poser quelques questions.

1 La pêche aux informations

Est-ce que j'aurai une documentation suffisante ?

Si tu n'as que le manuel d'Histoire, ce n'est pas assez ! Fais un tour au CDI ou dans la bibliothèque de ta ville, demande à tes camarades et à tes parents s'ils ont des documents sur l'Égypte qu'ils acceptent de te prêter.

Aide-toi aussi de la bibliographie à la page 32. Après seulement, tu peux choisir un sujet. Par exemple, les pyramides, les dieux égyptiens ou la vie quotidienne ne demandent pas la même documentation.

Est-ce que ce sujet intéressera la classe ?

Pour le savoir, pose la question à tes camarades ! Ou bien demande au professeur quelques minutes pour faire un petit sondage écrit, en distribuant une feuille à chacun avec une phrase à compléter :
« Ce qui m'intéresse le plus, dans l'ancienne Égypte, c'est .... »

2 La prise de notes

Est-ce que je dois vraiment tout lire ?

Bien sûr, tu ne peux pas lire en entier tous les livres. Aide-toi de leur sommaire ou de leur index pour aller directement aux chapitres qui te semblent en rapport avec le sujet de ton exposé.

Puis constitue des dossiers, en photocopiant les pages des livres, des revues, ou en imprimant (si tu le peux) des écrans d'Internet.

Tu n'auras pas le poids des livres et tu pourras écrire surligner, entourer ce qui te semble intéressant.

Comment vais-je prendre des notes ?

Au cours de la lecture attentive de tes dossiers, note sur des feuilles les infos les plus intéressantes. Surtout ne recopie pas les passages un peu longs. Résume-les en quelques mots : tu gagneras du temps et ton exposé sera plus naturel.

S'il y a des infos que tu ne comprends pas, demande au professeur, et si c'est trop difficile... n'en parle pas !

3 Sur la construction de ton exposé

Dans quel ordre dois-je classer mes notes ?

Pour organiser tes notes, fais un plan précis dans lequel chaque partie constitue une réponse à une question que tu poses. Par exemple : est-ce qu'il y a seulement trois pyramides ? Que mangeaient les Égyptiens ? Mais ne rédige pas ! Sinon tu seras tenté de lire ton exposé en classe : ce serait ennuyeux.

Est-il utile de répéter ?

« Répète » ton exposé à la maison, devant tes parents, frères et sœurs. Ce premier public corrigera tes défauts (gestes, tics et maladresses d'expression) et tu pourras mesurer ton temps de parole (tu ne dois pas dépasser 10 minutes).

4 Ça y est, à toi de conquérir ton public !

Comment commencer mon exposé ?

Annonce clairement ton sujet et le plan que tu as choisi. Tu peux, en plus, expliquer pourquoi tu as choisi ce plan et l'écrire au tableau (tu peux lire à haute voix une citation en guise d'introduction).

Est-ce que je dois écrire au tableau ?

Oui mais uniquement les mots difficiles, les noms propres et ceux qui te semblent importants, pour que la classe te suive jusqu'à la fin.

Est-ce que je montrerai des images ?

Si c'est oui, il vaudra mieux être deux et prévoir une lampe de poche si tu veux voir ta feuille pendant la projection de diapositives.

Comment prolonger mon exposé ?

À la fin, résume en une phrase l'idée principale de ton exposé et demande si quelqu'un veut poser une question ou ajouter quelque chose. À toi aussi de proposer des idées de discussion.

Pour aller plus loin

Des livres

• Pleins de renseignements :

Fêtes et cérémonies dans l'Égypte ancienne, Nicole Genaille, coll. « Les documentaires », Ouest-France, 1986.
Vie et mort d'un pharaon : Toutankhamon, Christiane Desroche-Noblecourt, coll. « Grandes aventures de l'archéologie », Pygmalion, 1976.
La vie en Égypte aux temps antiques, Jean Vercoutter, Minerva, 1986.

• De belles images :

Mémoire de l'Égypte, Coll. « Les Yeux de la découverte », Gallimard, 1990.

• Sérieux... mais drôle :

L'Égypte à tombeau ouvert, Coll. « Docudéments », Gallimard Jeunesse, 1987.

• Des romans passionnants :

Sinhoué l'Égyptien, Mika Waltari, coll. « Folio », Gallimard, 1998.
Les pilleurs de sarcophages, Odile Weulersse, coll. « Livre de poche jeunesse », Hachette-jeunesse, 1999.
Le roman de la momie, Théophile Gautier, coll. « Folio junior », Gallimard jeunesse, 1998.

Des magazines

• Faciles, sur des thèmes artistiques :

Le Petit Léonard, n° 11 (janvier 98), « L'art égyptien » ; n° 19 (octobre 98), « Les portraits du Fayoum » (peints sur des sarcophages à la fin de la civilisation égyptienne).

Des vidéos

Le Plus Grand Musée du monde, éd. RMN.
Le Mystère des pyramides, éd. RMN.

Des CD-Roms

L'Égypte au temps des pharaons, éd. RMN.
L'Énigme de la tombe royale, éd. RMN.

Maintenant, tu es capable de faire la différence entre l'Histoire et l'imagination, tu peux t'amuser à repérer les « erreurs » :

• Dans les BD : *Tintin et les Cigares du pharaon* ; *Astérix et Cléopâtre* ; *Papyrus* ; Alix : *Le Prince du Nil*, *Le Sphinx d'or*.

• Dans les films : *Le Prince d'Égypte* (dessin animé), *Les Dix Commandements* ou... *La Momie* !

Tu peux aussi enrichir tes connaissances en allant au musée du Louvre, ou en visitant son site Internet : http://www.louvre.fr